플라스틱 여자

시와문화 시집 053

플라스틱 여자

주선미 시집

시와문화

■시인의 말

땅끝 미황사 동백
한겨울에 활짝 피듯
결핍이 안긴 주름
좌악 편다

2021년 여름 주선미

|차 례|

■시인의 말

1부 소금꽃

2부 민달팽이

3부 유폐된 물고기

4부 독버섯

1부

소금꽃

소금꽃

바닥으로 내려앉은 잿빛 하늘 걷어내며
툭 터진 곳 찾아다니다 곰소 염전 앞에 선다

떠밀리고 떠밀리다 곰소에 든,
이국의 바다 수차에 감아 돌리고 있는 새까만 발의

청새치와 사투 벌이는 노인의 바다 소용돌이에 감겼다가
거친 파도에도 견디는 갯바위 눈 되었다가
한나절 검은 갯벌 진창이 되었다가
진한 국물처럼 세파 다 담은 물 퍼 올렸을 염부

땀범벅 된 등 딛고 염전으로 흘러들어
탈출구 없는 사각의 모서리 안,
이기심으로 쏟아붓는 뙤약볕 이기고
소금꽃 피워 올리기까지 견뎌냈을 소금의 뼈

겨울로 기울어지는 길목
보이지 않는 벽에 갇혀
사금파리 깨진 조각 검은 아픔처럼 콕콕 박혀 있는

짜디짠 삶 묵묵히 살아낸,

있는 힘 모조리 쏟아붓는 산고는 끝났으나
어깨 하나 기댈 데 없는 여자처럼
소금기만 바삭하게 서 있는
꽃 진 빈 가슴을 본다

피아골 미선씨

단풍이 오지게 번지는 마을
연곡사, 차갑게 찰랑거리는 풍경 소리
깊이 들어앉은 계곡

산이 깊어 벼 한 포기 심을 데 없는 땅
버려지는 피를 심어
피맛골이라 이름 붙여진 골짜기

형제끼리 총부리를 겨눠야 했던
육이오의 마지막 피로 얼룩진 골짜기였으나
전쟁의 소용돌이도 허물지 못했던 피아골 단풍
IMF의 묵직한 망치가
산산이 부숴버렸다고 했다
등 돌린 골짜기처럼 쩍쩍 갈라놓았다고 했다

그래, 한 번쯤은 죽을 수 있었다고 하자
실컷 벌어진 벚꽃과 봄 사이에서
서성거리던 미선씨,
스물의 화려한 도시
피아골 첩첩한 계곡 속으로 접어 넣었다

IMF라는 그늘 모두 걷어내고
칭칭 감겨오는 거미줄 풀어냈더니
코로나 19라는 또 다른 결박이 보인다

빈 그릇 달그락거리는 소리만
떠돌고 있는 피아골의 봄,
저 높은 파도 어떻게 또 넘느냐고
피아골 지키던 사람들 돌아선 봄날

미선씨,
도토리로 빚은 묵밥을 만다
천왕봉 오가는 사람들에게
따뜻한 찻잔을 안긴다

가장 가난했던 집, 피아골
만발한 벚꽃처럼
어제의 밤이 지나고
오늘이란 햇살이 수북하게 쌓인다

피아골, 미선씨 활기찬 발걸음
벚꽃 잎으로 펄펄 날고 있다

개심사 가는 길

개심사 오백 미터 전
신창저수지에 사람들 군데군데
낚시하고 있다

남자아이가 붕어인지 피라미인지 한 마리
순식간에 낚싯대 걷어 올리며
환호성을 지른다

작은 아이 여섯 살 때
친척 사는 동네 저수지에서
낚시하러 간 적 있다
산란기 다 된 4월이라서
정신 차릴 새 없이 올라오던 피라미들

물고기 발버둥 치는 게 고스란히
손바닥으로 전해져 왔었다
그렇게 잘 잡히던 피라미들
작은애 낚시에는 한 마리도 걸려들지 않았다

물기 묻은 손이 시려질 저녁이 다 되도록

손맛 한 번 느껴보지 못했던 작은 아이
징징 짜는 작은 아이 데리고 집으로 돌아왔다

좋아서 펄쩍펄쩍 뛰는 저 아이를 보니
그때로 돌아가고 싶어진다
작은 애 낚시에 붕어 한 마리 매달아 주고 싶다
그 붕어 한 마리 낚아
활짝 웃는 작은 아이, 한번 보고 싶다
여섯 살 건호

고사목

여윌 대로 여윈 그리움 뼈로 남았다는 나무 고사목*
맨몸 드러낸 채 서 있다

제 몸으로 통하는 물길 끊어 죽음 이기고
돋아나려는 새 움
발등 위로 피워 올리느라 입속까지 말라 있다

그렇게 허기진 생을 마친 고사목
우리 집에도 있다

생명이 끊긴 줄 알았던 나무
맑은 찻잔 올리는 다탁으로 향기 피우고
든든한 책상으로 꿈을 받치고 있다

다른 생을 이어가는 고사목에서
평생 갯바닥을 만지며 살아온 얼굴을 읽는다

온 갯벌 바닥에 속울음 다 묻고
집채만 한 파도 뛰어넘다 세상의 끈 놓친 줄 알았던 남자

그리움처럼 길어진 밤
먼 길 돌아오는 발걸음 헛디디지 말라고 어둠 지우는 등불로 서 있다

서해 바람 막아내느라 삭정이가 되었으나
자신의 키 뛰어넘은 나뭇가지 큰길 접어들 때까지

앙다문 입술에 배인 허기
빛으로 조금씩 뱉어내고 있다

*이성부의 시 「고사목」에서 인용

느티나무

초월에서 만난
몇백 년 묵었다는 느티나무

바람의 흔적을 지우고 있다

녹슨 파이프처럼
숭숭 뚫린 가슴으로 살아낸 것들

시간을 견딘다는 것이 저렇듯
적의를 띤 것들과 맞서는 것이구나

손안에 쥘 수 없었던 시간 모두 놓아버린
달력의 막다른 골목

차가운 계절 위에 낯설게 던져진
너를 본다

빗길을 달려도 계속 빗길이 계속되는,
장마 걷혀도 서쪽 하늘은
보랏빛 어두움을 풀어 놓았다

돌파구는 늘 무너져 내린 성벽

시멘트에 짓이겨 붙인 까마득한 기억들
꼬물거리다가 착색된 표면
푸른 새싹으로 움트고 있다

돌탑

–박몽구 선생님께

얼마나 더 혀를 깨물며 견뎌야
저렇게 난장에 꼿꼿이 서 있을 수 있을까

먹구름 그늘진 자리 쌓여 있는 돌탑
밑바닥을 뒹굴던 습관
버리지 못한 열등감으로
부실한 저녁이 사는 방식이었으나

닿지 않는 미래
막다른 골목에서 벗어나고자
내소사 앞마당에 가부좌 틀었다

툭툭 불거진 흉터로
완강함의 질서를 난간에 새긴다

구석구석 황혼이 스민 탑 머리에서
종횡무진인 사람이 겹쳐 보인다

국토에서 버려진 도시 한복판

피투성이가 된 친구 끌어안으며 타고 넘으며
등 돌린 국토를 갈망하던,

해마다 5월이면
온몸으로 견뎌낸 기억,
빚진 마음,
토막잠 속에서도 떨칠 수 없다고

얼마만큼 세월이 흘러야 잊힐까
살고자 벅찬 도시로 나왔으나
가는 곳마다
벽, 벽, 벽

폐허의 지층 같은 앞길
살아내야 했으므로 쓰러지지 않았다

서해의 겨울바람 온 산을 흔들어도
내소사 삼층석탑 흔들지 못한다

낙원동 낭만극장*

금방이라도 루이 암스트롱 두툼한 목울대
옮겨줄 듯 피스톤을 잔뜩 조이고 있는 트럼펫,
세고비아의 맑은 눈빛을 담아낼 듯
팽팽하게 줄 조여져 있는 기타들 지나쳐
낙원동 악기 상가 한 발짝 비켜서니
보이는 극장 하나 있다

타임머신 몇 바퀴 뒤로 돌리자
닫혀 있던 캡슐 열리면서
에덴의 동쪽에 사는 제임스 딘
발레 슈즈 멋들어지게 들어올리며
춤추는 오드리 헵번 입술 밀착해 온다

상대를 핵주먹으로 쓰러뜨리는 게임기 벗어나면
적의로 가득 찬 세상이 가로막고
극장 하나씩 스마트폰 속으로 빠져들어
보이지 않는 벽들 날로 높아지는 오늘

한쪽밖에 보지 않는 눈
잠깐 돌리면

워털루 브리지 건너가는 시간 기다리는
한 줌 허리 비비안 리
큼지막한 눈 가득 눈물 글썽이는
잉그리드 버그만과 함께 가슴이 뛸 수 있다

향기 오래가는 카페오레 한 잔
서둘러 가는 시간을 붙들고
추억의 맛은 오래 씹을수록 단맛이 난다고
앳된 신성일 상기된 통통한 볼 그려진
맨발의 청춘 포스터 펄럭인다

날로 속도를 더해가는 시간
마음에도 없이 따라가지 말라고
브레이크를 거는 낭만극장
헐리우드 외피 벗긴 채 기다린다

때로는 거꾸로 가는 타임머신이 더 따뜻하다고
맑은 눈을 한 오드리 헵번 미소 짓는다

*서울 낙원동 옛 허리우드 극장 자리에 들어선 시니어 전용 영화관

플라스틱 여자

현관 앞 화분에 영산홍 만발했다
반가운 마음에 덥석 손을 가져갔다
차갑게 만져지는 빳빳한 입술

심장이 없다는 게 이런 것이구나
차가운 몸 녹이면 따뜻한 피가 돌까
봄 햇살 드는 담장에 올려놓았다

울고 싶을 때 울고
화내고 싶을 때 화내는
가슴 뜨겁게 살고 싶은 사람
수화기 너머 있다

제 마음 한 번 담아보지 못한
활기찬 목소리는
앵무새 심장에 녹음된 언어처럼
같은 말만 되풀이하고
향기 하나 맡아지지 않는 모범 답안 속 말들
수화기로 옮겨야 하는

헤드셋 벗어던지고
단 한 번만이라도
마음속에 담아둔 말 쏟아내고 싶은 사람
감정을 숨긴 목소리는 그들의 최선
콜센터 감정 노동자

불투명한 창 너머 화살촉 세운 그들은 알까
플라스틱 심장의 신음
차가운 살결만 만져지는 수화기 너머 목소리

식어가는 심장 이어주는 핏줄 찾아
피 한 방울 수혈해 주면 뜨거워질까

면허증

몇 달을 앓다 일어난 아버지
운전은 그만 할란다고
면허증 반납하고 나오는 길

군청 공터 껍질 벗겨진 나무
그늘, 저만치 지고 있다

운전대를 놓았더니
어깨가 가벼워졌다는 아버지와
논길을 걷는다

툭툭, 발끝에 걸리는 개구리들
낮게 피어난 민들레
아직 흥건한 논물 위에
잘게 흩어진 개구리밥
겅중거리는 푸른 여치

앞만 보고 다니느라 미처
챙기지 못한 것들

운전대가 높은 벽이었다는 걸
이제야 알겠다

돌아오는 길
벼 포기 사이로 오늘 하루 잘 살았다고
바람이 지나간다

아버지처럼 면허증을 버리면
네가 보일까

고양이 낙법

한번 빠지면 아무리 숙련된 낚시꾼이라도
건져 올릴 수 없는 늪
파도든 바람이든
무엇이든 막아 내고야 마는 시멘트 블록

그 사이, 눈빛을 걸쳐놓고
허공에 그물망을 엮는다
그물망 가볍게 딛고
천상의 낙법으로 틈새를 누비는 고양이
투둑,
허공을 불러내어 튀어 오르고 있다
푸른 눈으로 파고들고 있다

어둠과 평생 맞서 싸우는 서귀포 등대
온몸을 바다에 던진다
던지고 또 던져도
사방에서 덮어오는 어둠
마지막인 듯 저녁 한 끼 찾아 어슬렁거리는
고양이 내공
따라갈 수가 없다

시퍼렇게 눈을 뜨고
저녁을 밝혀 바닥을 뒤집어엎는다는 것
등대의 눈이든 고양이의 눈이든
다를 게 없지만

순식간에 몸을 날려
낚시에 걸린 돔 한 마리 낚아채는 수법
활처럼 휘어 허공을 계단 삼아
튀어 오르는 묘기
고 조그만 발 안에 어둠을 틀어쥐는 힘

얼마나 닳고 닳아야
저 경지에 오를 수 있을까

뿌리 깊은 탁상공론

구석에 미뤄둔 책상을 꺼낸다
냉장고 뒤에 손발 꽁꽁 묶어 놓았었다
관절이 굳었는지 펴지는 소리
뻐근하게 핏줄을 타고 온몸으로 번진다

거무스름한 껌 자국
연필로 써진 낙서
온몸에 새겨진 젊은 날
구멍 난 약력이 보인다

한때는 천방지축인 아이들
사람 한 번 만들어보겠다고
덤볐던 적이 있었다

단단한 벽에 기대라고 유혹하는 세상 끊어내고
가늘어진 네 다리로 어떻게든 버티려고
몸부림치기도 했었다

가슴 밑바닥부터 치받고 올라오는 주먹만 한 무언가
꾹꾹 눌러가며

삭이고 또 삭이고,
휘청거리는 다리
바로 세우기를 수십 번

감당할 수 없이 커지던 내일의 무게
한계에 부딪혔던 시간

중심에서 구석으로 밀려
배경으로 남았다
나이테의 기억, 뿌리를 찾아 나선다

문득 발가락이 근질거린다
발바닥 가장 깊은 곳, 뜨겁다

달동네 가는 계단

보름달 빛으로 길어진 가파른 계단
까마득하게 높아진 그림자 따라 올라가면
골목마다 아이들 뛰어놀던 달동네 나오지
달동네 골목 끝 어딘가에
동화 재크와 콩나무에 나오는 것처럼
넓은 마당 펼쳐 놓은 거인
황금알 쑥쑥 낳는 황금닭 베개 삼아
단잠에 빠져 있을 것 같아
재크 어머니 가난한 노래 멈추게 한
황금 닭 살짝 빼내
동굴처럼 깊은 가난한 골목에 풀어 놓고 싶어
고단한 불빛 하루 눕힌, 작은 창
파라다이스로 간다는 비행기 무작정 타고 왔을
어깨 축 처진, 주머니 가벼운 이주노동자
따뜻한 방 만들어 주고 싶어
달동네 밀어내고
고층 아파트 짓느라 설치한 가림막 힘껏 밀면
골목 끝으로 이어지는 이국의 하늘
아빠 기다리느라 또랑또랑한
검은 눈동자 보일까

2부

민달팽이

공룡

공룡박물관에 간다
지구에서 사라진 공룡을 보러 간다
안킬로사우루스켄트로사우루스스테고사우루스파키케팔로사우루스프시타코사우루스티라노사우르스스피노사우르스…

볼 때마다 의문이다
저렇게 덩치 큰 녀석들이 왜 사라졌을까
빙하기, 그 위태로운 시기에
몇몇 녀석들, 광합성을 독식하려는 욕망으로
제 무리를 쓰러뜨린 것은 아닐까

박물관을 나오는데
3D 영상처럼 겹쳐지는 것이 있다

인간모형이 어느 날 사우르스 형제들처럼
박물관마다 전시되고
승리한 코로나 19 바이러스들 카메라 들고
찰칵찰칵 찍어대면서
한때는 왕성하게 번성했던 인간들

오래전 코로나기, 지구에 살았었다고

트럼프인간빌게이츠인간마거릿힐다인간아베신조인간시진핑인간푸틴인간마크롱인간

인간들 이름 하나하나 짚어가며
인간을 멸종시킨 변이된 조상 코로나 19 바이러스
HCoV-229E바이러스-NL63바이러스-OC43바이러스HKU1바이러스 기리며
코로나바이러스들의 우월함을 설명하는 인간해설사

계속 늘어나는 코로나 확진자들
삑삑거리며 빨간 문자로 뜨는데,
디지털 체온계 40도 경계에서 중심도 못 잡고 흔들리는데,

햇볕에 그을려 얼룩덜룩해진 내 피부에 공룡이 옮겨온 것 같은 오후

나뭇잎 편지

이른 아침 서늘해진 바람결에
툭,
던져놓은 나뭇잎 한 장

지나간 계절
가시 옷 걸치고 달려드는
뙤약볕,

숨 쉴 틈도 주지 않고 몰아쳐 대는
폭풍우 이겨낸 흔적

핏줄처럼 잎맥 따라 붉게 번지고 있었네

숭숭 구멍 난
뼈마디마다 빼곡히 들어찬 통증

돌풍 몰고 온 한랭전선 늑골까지 펴내느라
밤새워 앓았을,

나뭇잎

토닥거리다 손끝에 걸린
구멍 몇 개

점자로 적어 보낸 당신의 안부였네

찬바람 이겨보려고 끝까지 견뎠을….

낙관주의

빼곡한 재활용 폐지 더미에서
집 뛰쳐나온 아이처럼
다리가 망가진 동화책 몇 권

귀를 세워 찬 바람에 맞서고 있다

몇 권은 담벼락에 부딪혀 멈춰 있고
지나가는 발걸음 피하던 몇 권
봄비가 만든 수렁에 빠져 있다

온몸 던져
수렁 속으로 수렁 속으로
오체투지 하고 있다

저 책들도 한때는 새 책이었던 때가 있었으리라

말끔한 책상 위에서
아이들의 꿈을 키워주고
깜깜한 밤 등불이 되기도 했으리라

볼품없이 꽃샘바람에 내던져진 저녁
살아온 삶의 무게 헤아릴 수 있을까
지나간 페이지 한장 한장 넘기고 있다

흔들릴 줄 아는 지혜
바람이 놓고 가버린 까닭

마녀사냥

과자와 보석 갖고 싶어 밤마다
꿈을 꾼 적이 있다

과자로 벽을 쌓고
보석이 가득 채워진 방

헨젤과 그레텔이 마당에서
가마솥에 불을 지펴 물을 끓이고
마귀할멈이 지키고 있는 산속

그 마귀할멈이 여기에도 있다
본질은 같으나
형태가 다른 나무들
모두 틀어지고 구부러져
사냥을 당한 마녀들처럼 갇혀 있다

바람이 불어도 흔들리지 못하고
그늘 내릴 잎사귀 하나 없이

배배 꼬인 눈초리

허리 한 번 못 펴고 엉거주춤
그늘진 배경에
탐욕스러운 인간이 보인다

독기 올라 꼬불꼬불해진 마녀 손톱
잡아먹겠다고 와락
덤벼들 것 같아 서둘러 나왔다

봄날 기온 25도 오르내리는데
등 뒤가 싸늘하다

먹구름 갇힌,

좀처럼 그치지 않는 비를 피해
제주도 가장 남쪽
추사의 붓끝 아직도 꿈틀거리고 있다는
유배지 찾아가는 길

제주공항에 내려 한참을 가는데도
먹구름에 가려진
가시나무 울울한 추사의 집은 보이지 않는다

권력에 중심에 선 사람들처럼
따라붙는 음흉한 구름
추사는 어떻게 따돌렸을까

와이파이 켜진 것도 아닌데
먼바다 밖 연경의 학자들도
추사의 세한도에 댓글
두루마리 수십 미터라더니

굽히지 않는 정신만은
유배지에 가둘 수 없었으리라

검은 입술 돈뭉치로
뜨겁게 안기더라도 나는,
눈 감지 않으리라

보이지 않는 획 하나 긋는다

몇백 년도 더 지난 길 위 먹구름
구석을 살아내느라
초목 하나 휘감지 못하고 있는 나를
막아서고 있다

모놀로그

구불구불한 쪽잠으로
무대를 지키고 있는 여자
통증으로 날마다 부서지는 밤
오래된 습관으로
짠 갯벌 냄새만 삼키고 있네
파도 지나간 자리 다독이고 있네

벚꽃잎 휘날리던 봄까지
남편이었으나
계절이 두 번 바뀌고
사지에서 헤매던 남편
기억 모두 지우고 돌아왔네

텅 빈 그늘 속에서
갯벌 속만 뒤집던 그 여자
입 벌릴 때마다 밀고 들어오는
갯벌 막아 내며
속살 키워내는 바지락처럼
돌부리도 치워주고
까맣게 밀려드는 어둠도 막아내었네

서쪽으로 넘어가는 저녁
한 줌 담아 흐려진 눈 닦고는
붉게 덮어오는 틈으로
내일을 내다보고 있네

모델하우스

호기 좋게 집을 나섰다
둘째 결혼시키면 큰애처럼 월셋집에서
시작하게 하지 않으리라
모델하우스에 오십 명 이상 입장 불가능
코로나 19 별걸 다 참견하고 있네
일찍 예약하고도 줄까지 섰지만
좀처럼 줄은 줄어들지 않는다
아파트는 남의 이야기겠거니
고공 행진하는 분양가
귓등으로도 듣지 않았는데
그래도 까짓것 아파트 한 채쯤이야
모델하우스 안으로 들어서니
어쩜 저리 좋을까
앞 베란다 뒤 베란다 모두 터놓고
수납공간 만든 솜씨 또한 최고네
아무리 작은 평수라도
밭 한가운데 있는 오래된 우리 집
추레한 옷 입은 듯
허름한 벽돌집과는 비교되지 않았다
어디 내놓아도 잘난 내 아들

이런 귀티 나는 곳에 딱 어울린다고 생각했다
담당자와 상담 중 갑자기
목구멍에서 억! 억! 억!
이런 촌구석에 웬 집값이 이리 비쌀까
밭 한 귀퉁이 포크레인 불러 반듯이 닦아놓고
억! 한 장이면 대궐 못지않은 말끔한 집
지어 줄 수 있는데
욕 한바탕하고 뒤돌아섰다

모슬포 비행장 터

모슬포에 닻을 내렸다

지하벙커를 만들어
일제 강점기 일본 1945년 901 항공대
난징대학살 배후거점 있었다는데

넓은 들에서 자라는 밭작물들
야트막한 풀 무덤
작은 키 나무들 서 있는 곳
겉으로 드러나는 평화로움이
대학살 자행했던 터라는 걸 잠시 잊게 해준다

키 작은 나무 잔가지에 숨겨진
알뜨르 비행장 지하벙커라는 표지판 보인다

나무로 짜 만든 입구
구부려야만 들어갈 수 있는 지하벙커
난징대학살 작전지휘실

낮인데도 으스스한 어둠,

몸에 달라붙을 것 같은 땅속
축축함으로 소름이 돋는다
차마 발걸음이 떨어지지 않는다

풀과 나무
불어오는 바람으로 파도만 출렁대는
한적한 시골 들판에
대학살 모태라니

눈초리 세우고 있는 어둠 속
언뜻 보이는 주파수
돌아서 나오는 등,
솜털 쭈뼛 선다

민달팽이

민 달팽이를 본다
집도 없이 땅과 땅 사이 낮은 포복하느라
맨살 드러난 몸으로
비지땀 흘리고 있는 민달팽이

가장 낮은 바닥을 기어도 평생
집 한 채 장만하지도 못한다

길바닥 한가운데
맨 몸뚱이인 채 정지한
달팽이를 보았다
집도 절도 없이
어디를 향해 가다 멈췄는지
아프겠구나

내 아들도 민달팽이다
결혼한 지 10년 다 되었어도
집 한 채 장만하지 못하고
사글세 전전하다 이제야 전세에 든 아들

아무리 벌어도 집값 따라잡을 수 없다며
집을 몇 채씩 갖고 사는 사람들은
어떻게 생긴 사람들이냐
'집 나와라 뚝딱' 이라고 소리만 치면
집이 툭 튀어나오는 도깨비냐고

밤잠 안 자고 일을 해도
24시간도 부족해
시간 쪼개 야간 알바까지 하는데도
오르는 집값 어떻게 따라잡느냐고
도깨비방망이 찬스 쓰고 싶단다

배다리에 간다

어플 바뀔 때마다 보이는 e-book 광고들
사각형에 갇힌 사람들
끊임없이 미니어처 속으로 끌고 가는 세상

눈 돌아가게 빠른 책갈피
툭, 터치 한 방이면
비명처럼 쏟아지는 전자책들

시간 가는 줄 모르고
가상공간에 푹 빠져 있다가 바삭해진
눈동자 식히러 배다리에 간다

타임머신 타고 들어가
흉터처럼 섞여 있는 한자
건너뛰어도 징검다리가 돼 주는
케케묵은 누런 책들

책갈피마다
열띤 토론 벌이는 철학자들
밑 금 그어진 대학 강의실

첫 시집 내고 꿈에 부푼 시인들 마음
만져지는 곳

인터넷 홍수 속에 넘쳐나는
e-book에 떠밀려 서가에 꽂혀 페이지
읽어 내려갈수록 어두운 미래지만
천천히 가라고 귀띔하는 곳

맨 밑바닥부터 더듬어 오르면
천정까지 쌓여 있는 따뜻한 냄새
다가오는 배다리에 간다

배터리

진종일 아이들 삐뚤어진 글 펴주고
빠진 생각의 못 채워주느라
바삐 뛰어다니다 보니
나를 챙길 틈은 없었나 보다

배 거죽이 착 달라붙은 것도 그렇지만
스마트폰 배터리가 달랑달랑
방전되기 직전 15%

채점하는 데 1%
애들 태워다 주러 가는데 1%
아이들 몇 번 더 챙겨주느라 1%
자꾸 힘이 빠지는 게
0% 코 앞이다

언젠가도 이렇게 방전되기만 하던 때가 있었다
충전하려고 누워도 좀처럼 충전이 되지 않고
조금만 움직여도 방전되기만 하던 때
당신의 마음속으로 들어가고 싶었던 그때

말도 못 하고 끙끙 앓느라 1%
당신 앞에만 서면 쿵쾅거리는 심장 때문에 1%
그러다가,
아무것도 모르고 돌아서 가는 당신 뒷모습 보며 1%

보고 싶다는 한마디 겨우 던지고
이내 절명한 배터리

아직 뜨거운 가슴 식지 않고 있다
짧은 한마디 말이 장편소설보다
긴 여운으로 남는다

부용꽃

–주희에게

봄 가뭄에 시달려 겨우 서 있던 꽃나무
모처럼 물 만나 만개하더니
봄 가뭄 탈탈 털어 흘려보내고 있다

장마 핑계 대고 빈둥거리는 동안
부용꽃, 척박함 딛고
향기 주머니 단단히 준비하고 있었구나

친구들 다 가는 대학도 포기하고
휘어진 언덕배기 옥탑방에서
모난 돌멩이 맨손으로 다듬어
반질반질한 몽돌로 만들어가는
너를 생각한다

관절염으로 약을 달고 살면서도
들일 집안일 도맡아 하는 할머니
육가공 공장 밤낮 밝히는 아빠
옆을 꼭 지켜야겠다고
노량진 가는 발걸음 접은 아이

지난봄 시험에 떨어졌다고
고개 푹 꺾여 있더니, 언제 그랬냐는 듯
눈물 멈춘 자리
부용꽃보다 환한 꽃을 피워
멀리 창을 연다

돈 없고 빽 없으면
뿌리라도 단단해야 한다고
한번 실패는 나의 힘이라고 다시
책을 펴는 너를 본다

보문사 와불

부처님께 해 넘기기 전에 빌러 가는
가파른 오르막길
거친 숨 몰아쉬어도 힘들지 않네

밥벌이하느라 고단한 자식들 생각에
하루라도 마음 편할 날 없으니
마음 좀 편하게 해 달라고

부부가 두 손 모아 싹싹 빌면
소원 금방 이루어지겠지
언 손 비비며 와불 앞에 섰네

세상에!
어쩜 좋아!

저렇게 섹시한 남자
세상에 태어나 처음이네

어쩌면 저리 품이 넓을까
어깨는 단단하게도 생겼네

얼굴은 또 어떻고
팔다리는 미끈하게 잘도 빠졌네

추운 날인데 웬 사람이 저리 많을까 했더니
모두 와불 광팬이었구나

서해 먼 수평선으로 해 넘어가는데도
발걸음이 떨어지질 않네

집안 좀 편안하게 도와 달라 빌러 왔는데
그 마음 어디로 갔는지
남자 뒤꽁무니 한 번
쭉 뻗은 와불 한 번 쳐다보네

찬바람에 목어 흔들리고
달아오른 갯벌에 와불 귓불
붉게 물드는 중이네

묵중한 겉모습 어디 가고
깃털처럼 가벼운 와불

거센 파도 헤치느라 몸은 가벼워졌으나
마음만은 흔들리지 않는 내 남자,
지구의 중심이었네

3부

유폐된 물고기

6411, 투명한 승객들

전철이 침묵을 높게 고쳐 벤 채
어제의 노곤함 깨어날 줄 모르는 새벽 4시

반도체 밥알들 쏟아진다고
좋아했던 것도 잠시
느닷없는 로봇의 출몰로 갈 곳 없는 손들
구로동 가로수 공원에서부터 멀리
강남 개포 주공아파트 정거장까지 눈 비비며 간다
누구도 선뜻 집어 들기를 꺼려하는
빌딩 청소를 하기 위해 혹은
48시간 경비 서려고 나선 비정규직 태우고
새벽을 비행하는 6411

먼 거리를 털실처럼 잇고 있다

15분쯤 지나면 버스는 만석
손때 묻은 버스 복도는
몇 뼘 남지 않은 새벽
안락한 베개 삼아 부족한 잠에 빠진다

사람들의 이름은 그냥 아주머니, 아저씨
청소하는 미화원으로 불리는
존재하지만 존재하지 않는 듯
우리 손이 닿지 않는 곳,
느끼지 못하는 곳에서 살아가는 투명인간

돈이 많아도 권력이 있어도
타지 못하는 우주선을 타고
블랙홀을 빠져나온 투명인간들이
흐린 유리창을 닦고 기계를 돌리는 시간

밤새 사이키델릭 소음으로 깨어 있던 강남 사거리
깊은 잠에 빠져든다

붉은 수의

미얀마 거리는 PC방 모니터
절대 능력치 안되는 캐릭터처럼
난사되는 총탄 맞아
쓰러지는 민중들

집에서 놀던 아이가
시장 보러 가던 주부가
학교에서 공부해야 할 학생들
쏟아붓는 총탄에
피 흘리며 죽어가는 땅

쿠데타로 얼룩진 군부독재,
맞서 싸우는 사람들
맨손으로도 주저하지 않는
절실한 민주주의

탁발해야 할 승려들은 확성기 들었고
농민들은 낫을
의사들은 가운 벗어 던지고
우울한 하늘 붉게 물든

거리로, 또 거리로

80년 광주 그 지점,
쉬지 않고 난사되던 총탄
그 따갑던 거리
쓰러지는 목숨 타고 넘으면서도 굽히지 않던
너를 본다.

사방을 틀어막고 옥죄어오던 그들의 총칼,
쓰러지면 일어서고 또 일어서던
그날의 하늘을 본다

비상
–금산사 미륵전

단청 입힌 미륵전 천장
날갯짓 멈춘 두루미

까마득한 천장에 갇혀
외다리로 서 있는 시간,
유폐된 페이지 지나고 천년

금산사 도량에 지붕은 자꾸 늘어나고
곳간에 재물 가득 쌓이는데,

벗어날 길 없는 두루미 날개
보리수 잔가지로 하늘을 덮고 있다

얼마의 시간을 더 보내야,
접은 날개 활짝 펼칠 수 있을까

번득이는 눈, 순간
등이 서늘해졌다. 이윽고
푸드덕거리는 소리 들린다

천년의 시간 펼친 두루미, 날갯짓
시작하고 있다

소리, 보이는

서둘러 장맛비 내리는 6월
장대비 피해 한라산 자락
관음사 처마에 든다

휘몰아쳤던 광풍은 잠들었을까
굽이굽이 오르는 길이 무겁다

눅눅한 담처럼 앉아 있는 돌부처들
어깨 짓누르고 있는
잊히지 않는 무게
서슬이 퍼렇다

소리를 본다는 건 무엇일까

무너진 돌담 사이사이

우두둑 쏴아아
우두둑 쏴아아

풀숲이 흔들린다

맥박이 뛰고 있다
땅속에 웅크리고 있던 혀

도움닫기 하는 목어와
검은 마당을 지우고 있다

시간을 자르다

선배 시인이랑 교동도 대룡시장 들려
팥죽 시켜 먹는데
새알심 급하게 넘기다 말도 못 하고
앞가슴만 손으로 훑어 내렸다
먹을 때는 언제든지 브레이크 밟고
느긋하게 먹어야 한다며 등을 두드려 주셨다

아이들 공부 시키는 게 직업이라
점심은 늘 아이들 하교 시간
후다닥 먹어 치우느라 씹지 않고 넘겼던 게
나도 모르게 습관으로 굳어졌었나 보다
김 모락모락 나는 찐빵 허겁지겁 먹다가
한입 남은 다음에야 그 말씀 생각났다

오늘처럼 어느 시인의 안부가
부음으로 전해져 온 날
왜 그리 급하게 살았는가
왜 또 그리 급하게 갔는가
바쁘게만 살았다는,
쉴 틈 없이 전국을 쏘다녔다는,

그 시인을 생각해 본다
사람살이에도 브레이크가 필요하다는 걸
오십이 넘어가니 알겠다

단 몇 시간에 택배 상자를 옮기느라
물 마실 틈도 없다는 택배 노동자
점심을 먹을 시간도 없이 철길 점검 다니느라
비상식량으로 컵라면 가방에
쑤셔 넣고 다녔던 비정규직 청년
땀에 젖은 얼굴이 떠오른다

바쁜 탓에 며칠째 굶다시피 사느라 나올 것도 없는데
변기에 눌러앉아 있다

연리지

어둠과 또 어둠
그 사이로 보이는 또렷한 붉은 문장

지독한 감기에 온몸이
불덩이였을 때를 기억하네

환각에 빠진 듯
방안을 둥둥 떠다녔었네

가물가물한 의식은
뜨거운 심장을 지나 모세혈관을 타고

짜르르, 짜르르
들불처럼 번지고 있었네

맨발의 여름 모래밭
그 뜨거움을 기억하네

당신,
그 지독한 한 모금

시작된 뿌리는 달랐으나
함께해야만 하나가 되는,

당신과 나의 연대
거부할 수 없는 필연이었으므로…

직립으로 태어난 줄기
너에게만 가는 숨
널 위해 빛나는 두 눈

촉수는 언제나
널 향해 움직이고 있네

맞닿아 정지한 시간
완전한 하나가 되는

채석강 암벽에 기대다

촘촘히 들어앉은 책갈피 사이로
검은 아픔 빽빽하게 박혀 있다

수평이 흘러내린 해식 절벽
중생대 백악기에 기대고
움푹움푹 패인 공룡 발자국
층층이 쌓인 검은 바위 기억은
까마득한 시간으로 쌓이는데

거친 공룡 발바닥에 뭉개진
따개비들의 숭숭 뚫린 가슴
들어앉은 모래 알갱이들 수북하다

파도칠 때마다 벌어지는 너와의 간격
늑골에 촘촘히 박힌 아픔
시작은 언제부터였을까

절벽이 만든 억겁의 시간
프레임에 갇힌 지층에서 휘어져 내리고

제풀에 풀어진 오후의 하늘에
차가워진 손바닥을 얹는다,

불투명한 암벽 물방울 분분하다

시장 바닥

입맛 당기는 봄나물 좀 살까 하고
시장을 한 바퀴 도는데

좌판에 대고 주억거리던 노인
몸뚱이가 하루하루가 다르다더니
산에 가서 화풀이하고 왔나 보다

나무두릅 땅두릅 엄나무순 가죽나물 오가피순
고사리 쑥 돌미나리 햇잎
머리채 잡혀 모조리 끌려 왔다

늙는다는 것이
옅은 봄바람에도
이렇게 맥을 못 추게 힘든 거냐고
나도 풋풋할 때 있었다고

새파란 것들이
어디서 고개 꼿꼿이 들고 있냐고
머리채 휘어잡는다

그래도 노인은 분이 풀리지 않았는지
파랗게 질린 것들 머리채 잡아
이리 돌리고
저리 돌리고…

노인의 매서운 손길
온몸으로 견디면서
싱싱함 잃지 않는 풋것

세상은 어디에 던져져도
제정신 잃지 않고 사는 것이라고
봄, 일으켜 세운다

홍주요양병원 203호

제 몸집보다 큰 물고기들과 사투 끝내고
천수만 뱃길 도사리고 있던 돌부리
매끄럽게 피하고
막다른 폭포에서 쏟아지는
날카로운 짐승의 포효를 피해

하나, 둘, 셋
들숨에 투둑,
강의 상류 넘어 튀어 오른다

태동이 시작된 곳
언젠가 먼 바다로 나가야만 하기에
좁은 바위틈
알알이 운명을 풀어 놓는다

겨울 바다에서 건져 올리려는 것은
번쩍거리는 금덩이가 아니라
변덕이 죽 끓듯 하는 검은 바다였으나
오롯이 믿는 마음 하나로
그물 가득 꿈을 건져 올렸다

악다구니로 덤벼드는 파도 헤치고
붉은 바다 가로질러
파닥거리는 지느러미 나침반 삼아
만선을 항해하는 선장이었다

그 남자의 바다
요양병원 침대에서
백악기였다가,
어제의 어제였다가…

오늘, 제 속도로 가는 시간 이탈해
아득한 바닷속에서 소용돌이치고 있다

본적

섬 여자들 꿀벌처럼 달라붙은 갯바닥
한나절 지나 단물 모두 빨린 갯바닥은 구멍 숭숭 뚫렸다
마지막 숨, 턱까지 차고서야
흐트러진 옷 추스르는 여자들

여자들에게 유난히 질척대는 갯바닥
한 번 빠지면 발 빼기 곤란한 늪
파내도 파내도 시커먼 속
갯벌의 욕망과 엄마 허기
비례했다
엄마의 짭조름한 냄새
갯바닥과 뒤엎어졌다는 증거였다

건넛집 남자
갯벌에서 돌아오는 여자
머리끄덩이 질질 끌고 방으로 들어갔다고 했다
누구와 붙어먹었느냐고,
밥상이 날아가고
그릇 깨지는 소리

악쓰는 소리 들리고
두들겨 팼다는 소리도 들렸다고 했다
그날 엄청 더웠던 여름밤
눈 뒤집어 까고 거품 문 채 죽었다는 소리
수근수근 떠돌아다녔다

꼬리도 길면 잡힌다던가
모든 정황이 수면 위로 드러났다

교통사고로 다리 부러진 여자
병실 침대에서
시도 때도 없이 갯벌을 간다고 벌떡벌떡 일어나고
갯벌과 엎치락뒤치락하는 잠꼬대에
심지어 눈에 쌍심지를 켜고
갯벌로 보내달라 고래고래 소리 질렀다

병원 사람들은 갯벌에 너무 가고 싶어 걸린
섬망이라고 했다
결국 손목, 발목을 침대에 붙들어 맸다
남편은 안중에도 없고
갯벌만 그리는 아내의 배신

문득 오래전 사촌의 말이 생각났다
“언니에게서 갯벌 냄새가 나”

갯벌에서 돌아오는 그녀 얼굴은 늘
서리맞은 사과 빛이었다
날이면 날마다 들락거리며
평생을 갯벌과 엎치락뒤치락한 흔적,
나의 본적.

유폐된 물고기

바짝 마른 햇살 부스럭거리는 오후

책꽂이 맨 아래 칸
시침질하지 못한 물고기 브로치
꾸러미 밖으로 길 한 가닥 열고 있다

어시장 좌판 앞 중심에서 퍼드득거리는
가자미 흉내라도 내듯
허공을 디디고 툭,
튀어 오른다
바닥을 구르는 낭창한 허리

가장 밑바닥을 지탱하느라
햇살 한 모금 삼킬 수 없었던 겨울은
유폐의 시간 아니라
잠시 찍어둔 쉼표일 뿐이라고,

햇살 감아올린 물고기
허공을 불러 파란 지느러미 펼친다

영화를 보다

–고흐, 영원의 문에서

아를의 저녁놀 뒤로한 채 펼쳐진
꼬여 있는 길 한 가닥
고흐의 일생인 듯 화폭에 정지해 있는 저녁

그림 그리는 법은 따로 없다는 듯
제멋대로인 고흐의 붓
아를의 저녁
까마귀 빛으로 북북 칠해 나간다

끼니도 잊은 채 화폭을 메워도
그림은 팔리지 않고
밀린 하숙비
한 병의 술값으로 날리고
청보리 넘실거리는 보리밭만
화폭에 옮겨 담는다

들리지 않는 세상의 말
조금이라도 가깝게 들으려고
귀까지 잘랐지만

파리로 가는 길 자꾸만 멀어지고

그림을 그릴수록 자꾸 쌓이는 빚
그 너머로 등 돌린 세상은
돈의 무게만 저울질한다

옆구리 피 멈추지 않는
고흐를 앞에 두고도
하숙비 대신 꼬박꼬박
그림으로 받아둔 하숙집 주인
머릿속은 돈 세느라
인정 메말라 버린 인간

동생 테오 태운 기차
장례식 외면한 채 연착하고
마을 사람들
치솟는 그림 값 계산에
너나없이 그림에만 몰두했으리라

돈 벗어던진 채
영혼만은 자유를 택한 화가 고흐
자유로운 영혼은
무게를 저울질할 수 없다고 말한다

무인 카페

벼랑 위까지 쑥쑥 날름거리는 혀
거친 파랑에 실린 낮달
잘 벼려진 갯바위 딛으며 건져도
하나도 두렵지 않다

낮달 복판으로 이어진 애월 바닷길
빨려들어 가는지도 모른 채
파도에 감겨 삼켜질 때쯤
무인카페 덜컹거리는 문이 불러 세운다

캐시박스 지키는 사람 보이지 않고
벽마다 빼곡히 들어앉은 메모지들
친구처럼 조잘대고 있다

누가 볼까 급하게 흘려 쓴
"나 너를 사랑하는 것 같아"
큰 하트 그려 창문에 붙여 놓았던 손편지
비집고 뒤적여도 간 곳 없다

내 사랑 이야기 대신 자리 잡은

"잊지 못하겠다"
"힘내자"
"십 년 후에는 집 한 채 마련하자"
"군대 잘 갔다 와 기다릴게"
스크럼 짠 어깨 풀지 않는다

벼랑에 안겨 다 부서지고도
훌훌 털고 높은 방파제 넘어 너에게로 간다
꺼진 신호등 너머
길이 사라졌을 때
비로소 또렷이 드러나는 길 따라
감전된 듯 애월에 든다

망해사

낙서전 마루에 앉아
눈 내리는 겨울 바다를 보려고 찾아갔더니
푸른 바다를 볼 수가 없네

바닷길 막힌 지 오래되었다고
청둥오리만 도량 앞 갯벌에서
빈껍데기 쪼고 있네

새만금 둑 저 멀리 수평선 뿌옇게 물러나 있고
빈 뱃길만 횡 뎅그러니 누워있네
바닷물 다시는 눈에 담을 수 없다고
망해사 도량
하얀 눈 쌓인 채 파리하네

파도에 부서진 낙서전 마당
온몸 던질 기세로 서 있는 팽나무
도량만은 빼앗길 수 없다 비장하네

김제 만경 뜰에서 따뜻한 바람 불어
망해사 도량 감싸고 있네

4부

독버섯

바라춤

49재 시작을 알리는 스님의 염불
목탁 소리는 점점 커지고
북소리 덩달아 제사상 가파르게 올라선다

삼배할 때마다
한지 고무신 놓아두고
"좋은 곳 가셔야 하니 노잣돈 얹어 놓으세요"
"봉투가 얇으면 부처님이 서운해하시니 더 얹어 놓으세요"
사천왕처럼 부릅뜬 눈
목탁 가파르게 휘몰아치고
북은 굿거리장단으로 재촉한다

눈물 글썽이는 퇴주잔에 어리는
바라춤 추는 여승 장삼 자락 붉다

어스름해진 저녁
온 골목 안을 울리던
백마강 달밤을 찾던 시아버지의 뽕짝
귓바퀴에 찰랑거린다

공덕을 지으면 좋은 곳에 갈 수 있다고
크게 깨달아 극락왕생하라고
바라 소리 아득하게 울려 퍼지는 도량
여승의 나긋한 버선코
멈칫하는 듯싶더니
앞으로 갔다 뒤로 갔다…

노잣돈 놓으라는 스님 성화
삼배 때마다 받아 마신 술에
거나해졌을 영혼
자꾸만 발을 헛디디시나 보다

눈에 넣어도 아프지 않다던 증손주
애지중지했던 인연들
모두 털어 버리고
이승, 비척비척 접으신다

명품

금테를 두른 것은 아니다
그것만 보면
심장이 두방망이질 친다

명품인 사람만 알 수 있다는 명품 백
여자 마음 여자가 안다고
엄마 생일날 명품가방 선물해주는 그런 옆집 딸
나도 하나만 있었으면

무슨 팔자일까
명품에 관심 없는 아들만 둘에
시어머니와 생일이 같아
생일날은 일하느라 허리 한번 펼 새 없다

시댁 식구 모두 돌아가고
남은 음식 먹어 치우느라 숨도 못 쉬고 있는데
아들 늦게 들어와 하는 말

"맛있는 것 먹으러 갈까요. 엄마?"

명품에 목숨 거는 건 절대 아니다 하지만
생일날만 되면 그 명품이란 것
꼭 받고 싶다

카톡 창에 올려놓고
아들한테 생일 선물로 명품 백 받았다고
겸손하게 내숭 떨며
자랑질하고 싶다
이런 마음 누가 알까

잃어버린 개를 찾습니다

광천오거리에서 결성통 쪽으로
철길 건널목 끼고 오른쪽으로 돌면
좁은 골목 틈에 끼어 있는
오래된 전봇대
청테이프로 붙인 A4용지 두 장 붙어 있다
"잃어버린 개를 찾습니다
진돗개, 흰색, 암컷, 2년 3개월,
개 줄이 끊어져 집 밖으로 나간 후
돌아오지 않고 있습니다"
울타리를 벗어나고 싶은 마음은
개나 사람이나 똑같은 걸까
A4용지 떼어내고
다시 써서 붙이고 싶다
"나를 찾지 마세요
줄이 끊어져 뛰쳐나오긴 했지만
세상에 태어나 처음 집을 떠나
자유로운 영혼이 되어
세상 구석구석 구경 다니는 중입니다"
다시 붙이고 싶다

여자

주름살이 부채처럼 번지는 하회탈
깔깔웃는 입속에는
금니들이 빛나고 있다

담벼락 아래서
철퍼덕하니 앉아
추억을 도둑질하는 여자들

나이를 먹는다는 것은
벽 하나 세운다는 것이다

어떤 얘기를 해도 듣지 않고
어떤 얘기도 해도 멈추지 않는다
고집은 또 얼마나 센지…

금 간 담벼락 사이로 돋아난 민들레
금니처럼 웃고 있는 이른 봄

연백 그리고 교동도

임진강으로 몰려드는 파도를 피해
갯벌에 숨은 강화도의 막내
교동도 만나러 가는 길

사변 때 헤엄쳐 건너온 연백 청년들
사흘만 피하면 금세
돌아갈 수 있으리라고 생각했다는데
조금만 기다려보자 한 것이 어느새
칠십 년이 훌쩍 흐르고 말았네

손바닥 안에 있는 듯 가까운
실향민의 고향
눈으로 쏙 들어올 것같이 맑은 날
교동도 북쪽 끝 밤머리산 망향대에 섰네

망원경 저편
강 건너 북한까지 배 타고
십 분이면 갈 수 있다는데
천릿길보다 먼 길 돼 버렸네

초록이 지천으로 널린 논과 밭둑
일하는 사람들
술잔 기울이고
점심밥을 서로 나누는 것을 보니
남이나 북이나 사람 살이
다르지 않다는 걸 알겠네

손바닥 너비만큼 가까운 사람들과 섞여
시원한 술 한 잔 나누고 싶은데
저 짧은 거리 자꾸 뒤로 떠미는
검은 손은 누구일까

연백 땅을 향한 그리움으로
망부석이 된 형제들
철책선 가로막혀
오지도 가지도 못하는 피붙이
지척에 사는 줄 모두 알고 있을 텐데

야! 하고 소리치면
호!라고 대답할 것 어깨너머 지척
짙은 피를 갈라놓느라 세운 각도
자꾸 높이는 건 누굴까

우스갯소리

서릿발 파고드는 밤
쩔쩔 끓는 옆집 아랫목에
육십을 갓 넘긴 남자와
육십 줄에 들어선 남자 둘이
우스갯소리 진담처럼 하고 있다

"친구들 허구 술 먹다 잠깐 나갔다 오면 말이여
나만 서 있잖여?"
"그렇지유!"
"그러믄 말여, 머리통만 보이넌디. 어떤 늠은 가운데가 텅 벼 있구,
어떤 늠은 전부 하얗구, 또 어떤 늠은 아예 없어."

원산도에서

사람이 모이는 곳이면
어김없이 나타나
두 손 두 발 동여매는 바이러스

바짝 조여진 가계부에
그나마 남아있던 비상금 모두 털리고
헛헛한 마음 둘 곳 없어
바닥 난 길 더듬어 본다

경계하는 눈초리에 짓눌린 무게
사람마다 바이러스 숙주로 보인다

아무것도 만져지지 않는 길 위
저녁으로 가는 노을을 본다
바닥으로 갈수록 짙어지는 둥근 체위

붉어진 하늘 덮어오는 저녁
막막한 출구에서 차가운 심장 풀어 놓는다
온 세상이 불구덩이다

아직 남은 길
–통일로에서

영하로 내려가던 수은주
출구가 막혀 붉은 기둥 멈춰 서 있다

찬 바람에 섞여 날아온
낯선 모래바람
서걱이다가,
하루, 또
저무는 민통선 십일월

파르르 떨던 마른 가지 나뭇잎
바닥으로 툭, 떨어지고

부스스 가라앉는 그림자 태백산 골짜기 가붓이 사라지고

마른 풀밭에 허옇게 질린 자작나무 무리
몰려들고 있다

차가운 입술처럼 떠 있는

초겨울 푸른 초승달

허기진 가슴 안으로 삭이다
끝내,
서리로 내리는 밤

태백산 등성이 오르던 꿈
멈춰 선 차가운 길

참깨밭에서

"나도 잘 나가는 여자였어야.
지금 꼬락서니가 이렇게 생겼어두
젊었을 적이 짧은 치마에 빼쪽 구두 신고
엉덩이 씰룩씰룩 걸어댕기면
쫓아오는 남정네들 쌔고 쌨었어야."

밭고랑에 푸짐한 엉덩이 풀 몇 포기 깔고 앉아
며칠씩이나 쏟아부었던 장대비로
듬성듬성 뿌리 내린 참깨 몇 가닥
베고 있는 뒷집 아주머니

흙 더께 진 두 손으로
푸대 자루에 깻대 싸서 머리에 이고
씰룩씰룩 집으로 가고 있다

"그렇게 이쁘게 꽃 피고 푸짐하게 잘도 열었었는디,
이놈두 날 닮았나 내벼. 왜 이리 허접하댜.
사람두 곡식두 젊고 이쁠 때가 최곤디"

플라타너스 아파트

빈 곳 없이 아파트 들어찬 장호원 맛집 앞
도로는 오늘도 북새통
모처럼 소머리 국밥 먹으러 나왔더니
신호등은 바뀌었으나 비상등만 깜빡이는 자동차
오늘따라 모처럼 나온 사람들이 왜 이렇게 많은지
자초지종을 설명하느라 움직일 줄 모른다
아마 저들도 코로나바이러스 핑계 대고
귀찮은 노부모 면회 사절인 요양병원 보내놓았을 테지
오래간만에 맘 편히 놀러 간다고 들떠있는 사람들
둥글게 둥글게 살던 플라타너스
거리에 노인들 보이지 않으니
코로나바이러스 출몰 소식도 모르고
날마다 날아와 쪼아대는 비둘기
방법을 찾아야 한다고 모의하고
둥글둥글 살아가던 바른 양심은 버려야 한다며
눈도 귀도 직각으로 쳐내고
스스로 절벽이 되었다
쉴 곳 잃어버린 비둘기 붉은 신호등 앞에서
넋을 놓고 있다

히야신스, 그녀

흰 머리 성성해지기 전
이탈리아나 다녀오자면서
올리브 향 물씬 나는 이야기들
와인 잔에 쏟아 놓았었다

시칠리아 해안 코발트블루 빛 바다
하얀 파도 닮은,
히야신스 같은 그녀가 되고 싶었다

그녀의 집은 이탈리아
접시에도
식탁에도
커튼 사이로 언뜻 비치는 창밖
푸른 바다가 넘실댄다

바질 소스 곁들인 파스타
발사믹 식초, 바질, 올리브유, 소금에 절인 프로슈토
서로 어우러진 인살라타 카프레제

옴짝달싹 못 하게 만드는 남자

바로 곁에 사는 시어른들
푸른 바다 건너 이국 하늘 꿈만 꾸는 내게
히야신스가 펼쳐 놓은 식탁

압력밥솥

압력밥솥 하나 사서 들고 오는데
어디선가
칙칙거리는 소리 들린다
부글부글 끓어오르는 소리 들린다

언 땅 풀어달라고 삐죽삐죽 올라오는 봄
서슬이 퍼렇더니
이팝나무가 온통 꽃 바탕을 열었다
꼬물거리는 봄 한가득이다

겨우내 조용히 침묵하는 줄 알았더니
이 봄에 일제히 꽃말을 터뜨린다
힘으로 누르려 해도
눌리지 않더니
어둠을 이기느라
태동하고 있었구나

이팝나무, 봄은 거저 오는 게 아니라
온몸으로 기다림을 축적하는 것이라고
꽃 폭죽 터뜨린다

새로 사온 압력솥에 밥을 안친다
칙칙거리는 소리,
부글부글 끓어오르는 소리 들린다
저 속에 있는 것들도 분명
무엇인가 하고 싶은 말 있으리라

독버섯

홀로 산다는 것

어지간한 독기로는 힘든 일이었으므로
닿는 곳마다 물집이 생겼다

물집 터질 때마다
쓰라림을 견디다가
엉긴 피딱지 흉터로 남겨진 게 몇 번

암자 뒷산 소나무 둥치 아래
혓바늘처럼 돋은 붉은 상처
독기 끝까지 오른 버섯을 본다

세상과 어우러지지 못하고
홀로 경전 읽어내려가느라 붉어진 오기
뒷산에 옹이로 맺혀 있다

낮은 곳 채우는 눈이 맑은 여린 풀
파르르 떨게 만들고 있는 독기

■해설

폐허의 지층 같은 길, 그 너머의 시간

이 송 희
(시인·문학평론가)

1.

세상이 온전하고 풍요로우며 아름답기만 하다면 시인이 존재할 수 있을까? 오스카 와일드는 『행복한 왕자』에서 동상으로 등장한 왕자의 입을 빌려, '이 세상에서 제일 놀라운 이야기는 고통받는 사람들에 관한 이야기란다. 비참함보다 더 위대하고 신비한 것은 없는 거야.' 라고 말했다. 일반적인 상식으로는 납득하기 어려운 이야기다. 그런데 왕자는 왜 이런 말을 했을까? 세상이 온전하고 풍요로우며 아름답기만 하다면 사랑을 보여줄 수가 없기 때문이다. 참된 것, 선한 것, 아름다운 것, 성스러운 것들을 보여줄 수가 없다. 가난과 비참함으로 고통받는 사람들에게 파고들고 뻗어가는 헌신적인 사랑과 아낌없는 베풂을 통해, 우리는 인간 구원의 신비와 위대함을 깨닫는다. 가난과 비참함을 추구해야 한다는 것이 아니라 누군가가 힘들고 어려울 때 헌신적인 사랑과 아낌없는 베풂을 보여준다면 우리의 삶은 더욱 건강하게 지속될 수 있다는 것이다. 세상은 어둠과 그늘 속에 빛을 드러내고, 거짓과 가식 속에 진실을 빛나게 하며, 고통과 질병을 통해 치유와 회복을 가져오는 역설을 보여준다. 비참하고 가난하며 그늘진 곳을 찾아가는 시인이라는 존재를 통해 인간 구원의 희망을 보여준다. 그러므로 시인은 신(神)의 전도자이자 신(神)의 사자와 같은 역할을 하는 것이다.

주선미 시인의 네 번째 시집 『플라스틱 여자』는 그늘지고 고달픈 현실을 묘사함으로써 그들의 삶 속에서 희망을 발견하고자 한다. 그녀는 '떠밀리고 떠밀리다 곰소에 든,/ 이국의 바다 수차에 감아 돌리고 있는 새까만 발'(「소금꽃」)을 지닌 존재들과 '청새치와 사투 벌이는 노인의 바다 소용돌이에 감겼다가/ 거친 파도에도 견디는 갯바위 눈 되었다가/ 한나절 검은 갯벌 진창이 되었다/ 진한 국물처럼 세파 다 담은 물 퍼 올렸을 염부'(「소금꽃」)의 고통을 만난다. 또한 '촘촘히 들어앉은 책갈피 사이로/ 검은 아픔 빽빽하게 박혀 있'(「채석강 암벽에 기대다」)는 모습을 보며 파도가 칠 때마다 벌어진 간격 속으로 바람이 들어와서 쓰라리고 아픈 순간을 어루만진다. 그러다 '생명이 끊긴 줄 알았던 나무'가 '맑은 찻잔 올리는 다탁으로 향기 피우고/ 든든한 책상으로 꿈을 받치고 있'(「고사목」)는 데서 희망을 보기도 한다. 죽은 나무여야만 목재로 쓸 수 있다. 나무가 죽어야 쓰임새를 부여받는 것이다. 시인은 결국 상실과 고통과 악(惡)으로 가득한 세상에도 구원의 희망이 있다는 위로를 전하는 존재라고 할 수 있다.

2.

현관 앞 화분에 영산홍 만발했다
반가운 마음에 덥석 손을 가져갔다
차갑게 만져지는 빳빳한 입술

심장이 없다는 게 이런 것이구나
차가운 몸 녹이면 따뜻한 피가 돌까
봄 햇살 드는 담장에 올려놓았다

울고 싶을 때 울고
화내고 싶을 때 화내는
가슴 뜨겁게 살고 싶은 사람
수화기 너머 있다

제 마음 한 번 담아보지 못한
활기찬 목소리는
앵무새 심장에 녹음된 언어처럼

같은 말만 되풀이하고
향기 하나 맡아지지 않는 모범 답안 속 말들
수화기로 옮겨야 하는

헤드셋 벗어던지고
단 한 번만이라도
마음속에 담아둔 말 쏟아내고 싶은 사람
감정을 숨긴 목소리는 그들의 최선
콜센터 감정 노동자

불투명한 창 너머 화살촉 세운 그들은 알까
플라스틱 심장의 신음
차가운 살결만 만져지는 수화기 너머 목소리

식어가는 심장 이어주는 핏줄 찾아
피 한 방울 수혈해 주면 뜨거워질까

–「플라스틱 여자」 전문

표제작인 이 작품은 슬퍼도 웃음으로 응대해야 하는 콜센터 상담원들의 감정노동을 플라스틱에 빗대어 표현하고 있다. 상담원들은 각종 민원을 접수받아 해당 업체나 기업에 알려주어 민원을 해결하는 역할을 한다. 고객 응대 메뉴얼대로 상담을 해야 하는 감정노동이다. '울고 싶을 때 울고/ 화내고 싶을 때 화내' 며 살아야 하는데 수화기 너머 그들은 그런 삶을 보장받지 못하고 있다. 감정노동이란 자신의 실제 감정을 속이고 전시적 감정으로 고객에게 응대해야 하는 노동이다. 콜센터 상담원이나 백화점 및 대형마트 판매사원, 여객기 승무원 등이 대표적인데, 이들은 자신의 감정과 기분을 통제하여 고객을 언제나 친절하게 대해야 한다. 이 시에 등장하는 콜센터 상담원의 주된 업무는 고객의 문의에 신속, 정확하게 응대해 주는 일이다. 이 과정에서 그들은 감정노동을 해야 한다. 조직은 조직의 이익을 위해 특정한 감정의 표현을 근로자에게 요구하는데 내용과 상황에 따라 단순히 '웃는 얼굴' 외에도 다양한 감정 표현이 수반될 수 있다. 그러나 콜센터 상담원들은 다른 직종의 상담원과 달리 목소리로만 고객을 응대한다. 실제 신뢰감을 주는 목소리와 듣기 좋은 리드미컬한 어조를 선호하는데, 그들은 조직의 요구에 맞게 특정한 목소리를 인위적으로 만들어냄으로써 감정노동을 수행한다.

심장은 감정에 가장 직접적으로 반응하는 장기인데, 그들은 '심장이 없'는 삶을 살아가며, '제 마음 한 번 담아보지 못한 활기찬 목소리'로 감정노동을 한다. '앵무새 심장에 녹음된 언어처럼' 그들은 '같은 말만 되풀이하고', '향기 하나 맡아지지 않는 모범 답안 속 말들'을 '수화기로 옮겨야' 한다. 감정노동의 실상과 고충을 알면서도 우리 사회는 이들의 노동을 당연시해왔다. 감정노동자들은 자신의 감정을 오로지 고객에게만 맞춰야 한다. 그러나 상담원에 대한 인권침해와 같은 행위로 감정노동자의 피해가 계속해서 발생하자 그들을 보호해야 한다는 감정노동자보호법 등이 만들어졌다. 고객은 왕이라는 조직의 인식 재고도 필요하지만 고객 역시 기본적인 상담 예의를 지켜야 한다는 것을 성찰해 보게 한다. 상담원들에 대한 보호와 감정노동을 줄이기 위해 AI(인공지능) 기술이 금융과 서비스업 분야에 영향을 주고 있다. 이제, '플라스틱 심장의 신음' 을 들어주어야 한다. 우리는 고객으로서 '식어가는 심장 이어주는 핏줄 찾아/ 피 한 방울 수혈해주' 는 주체가 되어야 할 것이다.

보름달 빛으로 길어진 가파른 계단
까마득하게 높아진 그림자 따라 올라가면
골목마다 아이들 뛰어놀던 달동네 나오지
달동네 골목 끝 어딘가에
동화 재크와 콩나무에 나오는 것처럼
넓은 마당 펼쳐 놓은 거인
황금알 쑥쑥 낳는 황금닭 베개 삼아
단잠에 빠져 있을 것 같아
재크 어머니 가난한 노래 멈추게 한
황금 닭 살짝 빼내
동굴처럼 깊은 가난한 골목에 풀어 놓고 싶어
고단한 불빛 하루 눕힌, 작은 창
파라다이스로 간다는 비행기 무작정 타고 왔을
어깨 축 처진, 주머니 가벼운 이주노동자
따뜻한 방 만들어 주고 싶어

달동네 밀어내고
고층 아파트 짓느라 설치한 가림막
힘껏 밀면
골목 끝으로 이어지는 이국의 하늘
아빠 기다리느라 또랑또랑한
검은 눈동자 보일까

–「달동네 가는 계단」 전문

달동네가 사라지고 재개발 아파트 공사가 시작된 것에 대한 안타까움이 표현된 작품이다. '동굴처럼 깊은 가난한 골목에 풀어 놓고 싶' 다는 마음과 '어깨 축 처진, 주머니 가벼운 이주노동자/ 따뜻한 방 만들어 주고 싶' 다는 바람은 이 시를 끌고 가는 동력이다. 재크의 용기와 모험심, 재치 있는 임기응변과 같은 것들로 가난에서 벗어날 수 있게 되었듯 이주노동자들에게도 '황금알 쑥쑥 낳는 황금닭 살짝 빼내' '동굴처럼 깊은 가난한 골목에 풀어 놓고 싶' 은 시적 주체의 바람이 나타나 있다. 재개발은 가난한 서민들이나 이주노동자를 위한 것이 아니라 가진 자들의 물욕을 채우고, 이윤을 극대화하기 위해 이루어진다. 오히려 달동네에서 이뤄지는 재개발은 서민들과 이주노동자의 삶과 꿈의 터전을 빼앗아 가는 것이다. '고단한 불빛 하루 눕힌, 작은 창' 이지만 '파라다이스로 간다는 비행기 무작정 타고 왔을' '주머니 가벼운 이주노동자' 들에게 '따뜻한 방 만들어 주고 싶' 은 바람을 담고 있다. '달동네 밀어내고/ 고층 아파트 짓느라 설치한 가림막 힘껏 밀면', '골목 끝으로 이어지는 이국의 하늘' 이 보이고, '아빠 기다리느라 또랑또랑한/ 검은 눈동자' 가 어른거린다.

재개발로 인해 사라져 버린 달동네 방 한 칸을 지켜 내고 싶은 시적 주체의 마음이 고스란히 담긴 시다. 2000년대 초반까지만 해도 재개발은 '황금알을 낳는 거위' 로 인식되어 왔지만 서민들의 생존권을 위협하는 존재로 전락하고 있다. 재개발 구역의 주민들은 조합을 만들어 조합원 분양을 신청하거나 다른 지역으로 이사를 해야 하는데, 보상액이 기대에 못 미쳐 빚을 내지 않고는 집을 구할 수가 없어 삶의 터전만 잃고 쫓겨나야 하는 상황에 직면하게 되는 경우가 많다. 경제 능력이 없는 노인들이나 이 시에서처럼 이주노동자들이 사는 곳을 재개발할 경우 대출은 엄두도 못 내고 고스란히 터전만 잃고 거리로 내몰리는 상황에 놓이게 된다. 달동네 가는 계단은 가파르고 험하지만 그들에게 '고단한 불빛 하루 눕힌, 작은 창' 은 소중한 공간이다. 재개발로 인해 사라져 가는 서민들의 보금자리를 지켜 주고자 하는 간절한 문장이 달처럼 환하다.

3.

얼마나 더 혀를 깨물며 견뎌야
저렇게 난장에 꼿꼿이 서 있을 수 있을까

먹구름 그늘진 자리 쌓여 있는 돌탑
밑바닥을 뒹굴던 습관
버리지 못한 열등감으로
부실한 저녁이 사는 방식이었으나

닿지 않는 미래
막다른 골목에서 벗어나고자
내소사 앞마당에 가부좌 틀었다

툭툭 불거진 흉터로
완강함의 질서를 난간에 새긴다

구석구석 황혼이 스민 탑 머리에서
종횡무진인 사람이 겹쳐 보인다

국토에서 버려진 도시 한복판
피투성이가 된 친구 끌어안으며 타고 넘으며
등 돌린 국토를 갈망하던,

해마다 5월이면
온몸으로 견뎌낸 기억,
빛진 마음,
토막잠 속에서도 떨칠 수 없다고

얼마만큼 세월이 흘러야 잊힐까
살고자 벅찬 도시로 나왔으나
가는 곳마다

벽, 벽, 벽

폐허의 지층 같은 앞길
살아내야 했으므로 쓰러지지 않았다

서해의 겨울바람 온 산을 흔들어도
내소사 삼층석탑 흔들지 못한다

–「돌탑–박몽구 선생님께」 전문

일반적으로 절의 석탑은 부처의 사리를 모셔두는 장소로 여겨진다. 그러니 석탑은 부처의 몸과 같은 상징으로 받아들인다. 보통 스님들은 탑돌이를 하면서 수행을 한다. 그런 과정 자체가 세상에 물들지 않고 올바르게 살아가는 자기 수행의 과정이라고 보는 것이다. 그런데 그것은 인고(忍苦)의 과정을 담고 있다. '얼마나 더 혀를 깨물며 견뎌야/ 저렇게 난장에 꼿꼿이 서 있을 수 있을까' 라는 말 속에는 고통을 견뎌낸 모습이 담겨 있다. 어지러운 세상에 홀로 꿋꿋하게 서 있는 것이 쉬운 일은 아니다. '박몽구 선생님께' 라는 부제가 붙어 있는 이 시는 이런 고통의 길을 지나온 선생의 삶의 족적을 반추하게 한다. '폐허의 지층 같은 앞길/ 살아내야 했으므로 쓰러지지 않았' 던 박몽구 선생의 삶이 여기 있다. 다른 골목에서 벗어나고자' 주체는 '내소사 앞마당에 가부좌' 를 튼다. '툭툭 불거진 흙터로/ 완강함의 질서를 난간에 새' 겨 본다.

시적 주체에게는 1980년 광주의 오월이 있다. '해마다 5월이면' '온몸으로 견뎌낸 기억'이 밀려오고, 떠나간 그들을 지켜내지 못했다는 부채의식을 '토막잠 속에서도 떨칠 수 없다'. '얼마만큼 세월이 흘러야 잊힐까' 되물어 보지만, 그것은 잊을 수 있는 일이 아니다. '살고자 도시로 나왔으나' '가는 곳마다' 벽이다. '벽, 벽, 벽'이라는 표현 속에는 무언가 확 트이지 않고 막혀 있는 느낌이 강하게 들어 있다. 그의 삶은 속세에 물들지 않는 구도자의 삶과 겹쳐 보인다. 온갖 고통을 다 견디고 꿋꿋하게 서 있는 돌탑은 사회악에 저항하는 모습이면서 독재와 사회의 온갖 불합리함에 대한 저항을 드러낸다. '서해의 겨울바람 온 산을 흔들어도/ 내소사 삼층석탑 흔들지 못'하는 이유는 그가 여전히 살아 있는 삶을 살고 있기 때문이라는 것을 보여주고자 했을 것이다.

모슬포에 닻을 내렸다

지하벙커를 만들어
일제 강점기 일본 1945년 901 항공대
난징대학살 배후거점 있었다는데

넓은 들에서 자라는 밭작물들
야트막한 풀 무덤
작은 키 나무들 서 있는 곳

겉으로 드러나는 평화로움이
대학살 자행했던 터라는 걸 잠시 잊게 해준다

키 작은 나무 잔가지에 숨겨진
알뜨르 비행장 지하벙커라는 표지판 보인다

나무로 짜 만든 입구
구부려야만 들어갈 수 있는 지하벙커
난징대학살 작전지휘실

낮인데도 으스스한 어둠,
몸에 달라붙을 것 같은 땅속
축축함으로 소름이 돋는다
차마 발걸음이 떨어지지 않는다

풀과 나무
불어오는 바람으로 파도만 출렁대는
한적한 시골 들판에
대학살 모태라니

눈초리 세우고 있는 어둠 속
언뜻 보이는 주파수
돌아서 나오는 등,
솜털 쭈뼛 선다

–「모슬포 비행장 터」 전문

알뜨르는 '아래 벌판' 이라는 예쁜 이름이지만 이곳

에 흉물스럽게 놓인 콘크리트 건물들은 우리 민족의 아픈 역사를 고스란히 증언한다. '넓은 들에서 자라는 밭작물들'과 '야트막한 풀 무덤', '작은 키 나무들 서 있는' 이곳은 겉으로는 평화로워 보이지만 일본이 난징대학살을 자행하기 위한 배후의 전초기지 역할을 해온 역사적 의미를 지닌 장소이다. 알뜨르는 일제 때 비행장이 있던 자리로 대표적인 일제의 군사시설이다. 1920년대 중반부터 모슬포 지역 주민들을 동원하여 활주로, 비행기 격납고, 탄약고 등을 10년에 걸쳐 세웠던, 일제 수탈 현장의 아픈 역사라 할 수 있다. 태평양 전쟁 당시 일본군이 제주도민을 강제 동원하여 만든 군용 비행기 격납고는 현재 19기가 그대로 남아 있고, 이 중 10기는 국가등록문화재로 관리하고 있다. 태평양 전쟁 당시 일제가 제주도를 일본군 출격 기지로 활용하였다는 역사적 사실과 더불어 제주도민을 강제 노역에 동원한 실태를 보여주는 군사시설 유적임을 말해준다.

비행대 지휘소 또는 통신 시설 등으로 이용했을 것으로 추정되는 지하벙커는 지금도 견고한 콘크리트 구조물로 원형 그대로의 모습을 유지하고 있다. 이 비행장이 핵심시설 중 하나로 보존의 역사적 가치가 있는 곳이다. 또한 알뜨르 비행장에는 전쟁과 슬픔을 넘어 평화의 메시지를 전달하는 '파랑새'라는 조형물도 세워져 있다. '나무로 짜 만든' 지하벙커는 몸을 '구부려야만 들어갈 수 있으며', '낮인데도 으스스한 어둠' 이 깔려 있다.

제주도는 1937년 난징대학살의 배후의 거점이었던 것이다. 난징대학살 작전 지휘실도 있었고 901 항공대도 있었던 곳이다. '한적한 시골 들판이' 대학살의 모태가 되었던 것이다. 겉으로는 평화로운데 지하로 내려가면 난징 대학살을 주도하고 지휘했던 흔적이 존재한다. 일제는 1938년 2월까지 중국인 포로와 일반 시민들에게 학살, 강간, 방화 등을 저질렀는데, 이때 희생된 중국인 수는 20~30만 명에 달한다고 한다. 일본이 난징 공격과 난징 점령을 저지른 이유는 중국 원주민들을 학살하면 중국 수뇌부가 돌아와서 항복을 하고 중국을 완전히 점령할 수 있을 거라는 기대감 때문이었던 것으로 보인다. 시적 주체는 모슬포를 거닐며, 역사의 추악한 이면이 가려져 있으니 이곳을 잊지 말자는 이야기를 건네고 있는 것이다.

미얀마 거리는 PC방 모니터
절대 능력치 안되는 캐릭터처럼
난사되는 총탄 맞아
쓰러지는 민중들

집에서 놀던 아이가
시장 보러 가던 주부가
학교에서 공부해야 할 학생들

쏟아붓는 총탄에
피 흘리며 죽어가는 땅

쿠데타로 얼룩진 군부독재,
맞서 싸우는 사람들
맨손으로도 주저하지 않는
절실한 민주주의

탁발해야 할 승려들은 확성기 들었고
농민들은 낫을
의사들은 가운 벗어 던지고
우울한 하늘 붉게 물든
거리로, 또 거리로

80년 광주 그 지점,
쉬지 않고 난사되던 총탄
그 따갑던 거리
쓰러지는 목숨 타고 넘으면서도 굽히지 않던
너를 본다.

사방을 틀어막고 옥죄어오던 그들의 총칼,
쓰러지면 일어서고 또 일어서던
그날의 하늘을 본다

–「붉은 수의」 전문

폭력은 상대를 합리적으로 설득한 방법이 없을 때 자행하는, 야만의 극치다. 그것이 진실이나 사랑이 아니라 거짓이기 때문에 폭력을 쓰면서, 어떻게든 자신의 뜻과 욕망과 야심을 관철시키려 하는 것이다. 애초부터 폭력이나 위력은 거짓과 악(惡)을 지키는 일시적인 것이어서 오래 갈 수 없지만, 그 과정에서 무고한 이들의 희생이 발생하는 안타까움을 초래한다. 정당하고 합리적 명분이 있다면 굳이 폭력을 쓸 필요가 없다. 폭력은 그야말로 스스로가 잘못됐다는 것을 반증하는 것이며, 자신의 열등함을 반증하는 행위이기 때문이다. 미얀마 민주항쟁을 보면서 많은 이들은 1980년 광주의 오월을 본다. '탓마도(Tatmadaw)라는 이름의 미얀마 군부가 쿠데타를 일으킨 이유는 연이은 정권교체에 실패했기 때문이다. 그들은 1962년 군사쿠데타로 정권을 잡은 후 2015년 선거에서 NLD(1988년 창당한 미얀마 현 집권여당)에 정권을 넘겨줄 때까지 53년간 통치를 했다. 연이은 패배로 군부는 쿠데타 카드를 계속 검토하며 중국 등 주변국들과 조율하면서 2020년 11월 총선 결과에 따라 새로 정부를 구성하는 2021년 2월 1일에 맞춰 쿠데타를 감행한 것이다. 평화적 정권교체를 지지했던 미얀마 국민들은 무력진압과 군부독재 유지로 귀결될 최악의 위기에 직면해 있고, 이미 많은 희생자를 낳았다.

자국민을 보호해야 할 군부가 국민들에게 공권력을 이용하여 강압적으로 민주화 시위를 진압하려는 정치적 폭력의 사례를 보여준다. 1980년 광주의 경우, 신

군부가 들어서자 광주 시민들은 민주주의 수호를 위해 처음에는 평화 시위운동을 하였지만 그런 국민들을 향해서 국가는 경찰과 계엄군(군부)을 동원하여 무자비하게 광주 시민들을 구타하고 학살했다. 그리고 그 결과로 많은 사상자들이 발생했다. '미얀마 거리는 PC방 모니터' 속에서 이루어지는 게임처럼 민중들을 향해 총탄을 무자비하게 난사하는 과정을 보여준다. 총탄에 맞아 쓰러져 가는 민중들과, '집에서 놀던 아이가/ 시장 보러 가던 주부가/ 학교에서 공부해야 할 학생들'이 피 흘리며 죽어가는 모습은 마치 게임 속 캐릭터를 죽이듯 잔혹하기만 하다. 민주주의를 향한 국민들이 '쿠데타로 얼룩진 군부독재'에 맞서는 방법은 SNS에 자신의 나라 상황을 알리는 것뿐이었지만 군부가 관여하면서 언론과 통신도 어렵게 되었다. 그러나 그들은 '맨손으로도 주저하지 않'았다. '탁발해야 할 승려들은 확성기 들었고/ 농민들은 낫을/ 의사들은 가운 벗어 던지고' 거리로 나선다. 이번 미얀마 사건은 '쉬지 않고 난사되던 총탄'을 맞고 쓰러져 가면서도 민주화를 위한 투쟁을 계속했던 1980년 광주항쟁을 소환한다. '사방을 틀어막고 옥죄어오던 그들의 총칼,' 앞에 '쓰러지면 일어서고 또 일어서던', '그날의 하늘을' 영원히 잊지 못할 것이다. 미얀마의 평화적 정권 교체를 바라는 마음으로 연대한 시라 할 것이다.

4.

빼곡한 재활용 폐지 더미에서
집 뛰쳐나온 아이처럼
다리가 망가진 동화책 몇 권

귀를 세워 찬 바람에 맞서고 있다

몇 권은 담벼락에 부딪혀 멈춰 있고
지나가는 발걸음 피하던 몇 권
봄비가 만든 수렁에 빠져있다

온몸 던져
수렁 속으로 수렁 속으로
오체투지 하고 있다

저 책들도 한때는 새 책이었던 때가 있었으리라

말끔한 책상 위에서
아이들의 꿈을 키워주고
깜깜한 밤 등불이 되기도 했으리라

볼품없이 꽃샘바람에 내던져진 저녁
살아온 삶의 무게 헤아릴 수 있을까
지나간 페이지 한장 한장 넘기고 있다

흔들릴 줄 아는 지혜
바람이 놓고 가버린 까닭

—「낙관주의」 전문

비관주의도 경계해야 하겠지만, 낙관주의도 신중하게 수용할 필요가 있다. 너무도 확고한 희망과 열망은 꼭 이루어질 것이란 믿음이 좌절될 경우, 크게 상심해서 극단적인 선택을 할 수도 있기 때문이다. 유대인 학살을 다룬 『죽음의 수용소에서』에서 빅터 프랭클은 독일의 나치가 곧 패망하고 우리는 곧 수용소에서 나갈 것이라는 희망을 품은 유대인 수용자를 소개하고 있다. 그러나 예상했던 날이 왔음에도 나치는 멀쩡하게 살아 있고, 여전히 자신은 수용소에서 포로생활을 하고 있는 것을 본다. 기대가 너무 큰 나머지 실망감도 컸던 탓에 누군가는 아우슈비츠 수용소에서 목숨을 끊었다. 바라던 대로 되지 않을 수도 있다는 걸 염두에 두어야 살아갈 수 있는데 극단적인 맹신을 갖게 되면 위험한 일이 발생할 수 있다.

이 시에서는 한때 아이들에게 꿈과 희망을 주었으나 때가 되면 버려질 수밖에 없는 책을 은유하여 '낙관주의'를 그려내고 있다. '빼곡한 재활용 폐지 더미에서/ 집 뛰쳐나온 아이처럼/ 다리가 망가진 동화책 몇 권'은 한때 아이들의 꿈이었지만 지금은 재활용 폐지로 뒹굴며 바람을 맞고 있다. '저 책들도 한때는 새 책이었던 때가 있었'을 텐데, '몇 권은 담벼락에 부딪혀 멈춰 있고', 몇 권은 '지나가는 발걸음' 피해 있고, 몇 권은 '봄비가 만든 수렁에 빠져있'다. '말끔한 책상 위에서/ 아이들의 꿈을 키워주고/ 깜깜한 밤 등불이 되기도 했'던 책들은 이제 '볼품없이 꽃샘바람에 내던져'진다. 시적 주체는 그 책들을 보며 '살아온 삶의 무게 헤아릴 수 있을까'를 생각하며 '지나간 페이지'를 한장 한장 넘기고 있다

아를의 저녁놀 뒤로한 채 펼쳐진
꼬여 있는 길 한 가닥
고흐의 일생인 듯 화폭에 정지해 있는 저녁

그림 그리는 법은 따로 없다는 듯
제멋대로인 고흐의 붓
아를의 저녁
까마귀 빛으로 북북 칠해 나간다

끼니도 잊은 채 화폭을 메워도
그림은 팔리지 않고
밀린 하숙비
한 병의 술값으로 날리고
청보리 넘실거리는 보리밭만
화폭에 옮겨 담는다

들리지 않는 세상의 말

조금이라도 가깝게 들으려고
귀까지 잘랐지만
파리로 가는 길 자꾸만 멀어지고

그림을 그릴수록 자꾸 쌓이는 빚
그 너머로 등 돌린 세상은
돈의 무게만 저울질한다

옆구리 피 멈추지 않는
고흐를 앞에 두고도
하숙비 대신 꼬박꼬박
그림으로 받아둔 하숙집 주인
머릿속은 돈 세느라
인정 메말라 버린 인간

동생 테오 태운 기차
장례식 외면한 채 연착하고
마을 사람들
치솟는 그림 값 계산에
너나없이 그림에만 몰두했으리라

돈 벗어던진 채
영혼만은 자유를 택한 화가 고흐
자유로운 영혼은
무게를 저울질할 수 없다고 말한다

–「영화를 보다–고흐, 영원의 문에서」 전문

이 시는 프랑스 남부 아를 지방에서 그린 〈아를르의 포룸 광장의 카페 테라스〉를 배경으로 하고 있다. 네덜란드의 후기 인상주의 작가, 빈센트 반 고흐(1853~1890)는 이름 자체만으로도 충분히 수식이 가능할 정도의 거대한 후광을 지녔다. 안타깝게도 그 후광은 고흐의 정신 질환과 근심으로 겪은 고통, 37세의 나이에 권총 자살로 생을 마감한 그의 고립감과 소외감을 동반한다. 더군다나 살아 있는 동안 그림으로 주목받지 못한 작가이기에 그가 겪었을 절망감은 더할 나위 없는 시련을 안겨 주었다.

선명한 색채와 정서적인 감화로 20세기 미술사를 물들인 작가 고흐의 삶은 이처럼 아득한 안개와 어둠에 휩싸였다. 고흐는 동생 테오에게 〈아를르의 포룸 광장의 카페 테라스〉에 대해 이렇게 말하며 편지를 썼다. '푸른 밤, 카페 테라스의 커다란 가스등이 불을 밝히고 있어. 그 위로는 별이 빛나는 파란 하늘이 보여. 바로 이곳에서 밤을 그리는 것은 나를 매우 놀라게 하지. 창백하리만치 옅은 하얀 빛은 그저 그런 밤 풍경을 제거해 버리는 유일한 방법이지. … 검은색을 전혀 사용하지 않고 아름다운 파란색과 보라색, 초록색만을 사용했어. 그리고 밤을 배경으로 빛나는 광장은 밝은 노란색으로 그렸단다.' 라고.

그는 실제 밤하늘은 파랗게, 별은 노랗게 그리는 등 파란색과 노란색을 즐겨 썼다. 고흐의 파란만장한 삶은 '아를의 저녁놀 뒤로한 채 펼쳐진/ 꼬여 있는 길 한 가닥' 처럼 화폭에 담겨 있다. 그는 압생트를 마셔가며 환각 상태에 빠져 그림을 그린 날이 많았다고 한다. 사랑하지 않아야 할 사람을 사랑하고, 또 이별을 반복하면서 그의 정신은 더욱 흔들렸고, 물감조차 살 여력이 되지 않는 그의 가난은 더더욱 그를 힘들게 했다. '까마귀 빛으로 북북 칠해 나' 간 아를의 하늘, 그가 마지막으로 그렸다는 〈까마귀가 나는 밀밭〉을 연상하게 한다. '끼니도 잊은 채 화폭을 메워도/ 그림은 팔리지 않' 는 현실과, '밀린 하숙비' 도 내지 못한 가난한 삶 속에서도 '청보리 넘실거리는 보리밭만/ 화폭에 옮겨 담는' 그는 진정 영혼을 불태운 화가였다. 고갱과의 다툼으로 자신의 귀를 자르고 이젠 세상의 소리로부터 귀를 닫은 고흐는 그 많은 빚과 비난에 싸여서도 별과 해바라기를 그리고 붓을 들었다.

파리 북쪽의 시골 마을인 오베르에서 그는 생을 마감한다. 이곳은 '생레미' 의 정신병원을 퇴원한 고흐가 약 두 달간 살다가 죽은 마지막 정착지로 그의 무덤이 있는 곳이기도 하다. 고흐는 동생 테오와 함께 고흐가 마지막으로 그렸던 까마귀가 있는 밀밭 옆 공동묘지에 나란히 안치되어 있다. 고통스런 정신세계를 그림으로 승화하고자 했던 고흐의 영혼을 스크린에서 또 마주하게 하는 시다.

5.

홀로 산다는 것

어지간한 독기로는 힘든 일이었으므로
닿는 곳마다 물집이 생겼다

물집 터질 때마다
쓰라림을 견디다가
엉긴 피딱지 흉터로 남겨진 게 몇 번

암자 뒷산 소나무 둥치 아래
혓바늘처럼 돋은 붉은 상처
독기 끝까지 오른 버섯을 본다

세상과 어우러지지 못하고
홀로 경전 읽어내려가느라 붉어진 오기
뒷산에 옹이로 맺혀 있다

낮은 곳 채우는 눈이 맑은 여린 풀
파르르 떨게 만들고 있는 독기

—「독버섯」 전문

이 시에서처럼 '홀로 산다는 것'은 '어지간한 독기로든 힘든 일'일 것이다. '닿는 곳마다 물집이 생'기고, 그 '물집 터질 때마다/ 쓰라림을 견디다가' 결국

'엉긴 피딱지 흉터로 남겨진 게 몇 번' 인지 모른다. 그래서 결심하는 것인가. '암자 뒷산 소나무 둥치 아래' '독기 끝까지 오른 버섯을' 보면서 '홀로 경전 읽어내려가느라 붉어진 오기' 를 마주한다. 그는 세상의 온갖 소리들을 뒤로 하고 스님이 된 후에 암자에 들어가 홀로 수행을 한다. 시인은 홀로 세상을 견뎌내기 위해서는 '파르르 떨게 만들고 있는 독기' 가 있어야 한다는 것을 강조한다.

세상은 서로 의존하며 함께 살아가는 곳이지만, 각자에게 주어진 과업은 스스로 책임져야 한다. 세상을 바라보는 태도는 결국 자기 자신을 대하는 태도와 동일하다. 그래서 힘들게 견뎌왔을 순간을 자신의 마음을 스스로 다스리는 수행 과정으로 극복하라는 것이 세상을 향해 불만을 쏟는 이들에게 던지는 시인의 전언이 아니었을까. 자신을 돌아보는 성찰의 시간을 찾기 위해 자신을 마주해야 할 때라는 것을. '단단한 벽에 기대라고 유혹하는 세상 끊어내고/ 가늘어진 네 다리로 어떻게든 버티려고/ 몸부림치기도 했었' (「뿌리 깊은 탁상공론」)던 시간들을 뒤로 하고 면벽 수행에 들듯 자신을 돌아보는 시간이 세상과 나를 사랑하고 구원하는 길이 아니겠는가.

플라스틱 여자

찍은날 2021년 8월 25일
펴낸날 2021년 8월 30일
지은이 주선미
펴낸이 박몽구
펴낸곳 도서출판 시와문화
주　소 (13955) 경기 안양시 동안구 경수대로883번길 33,
103동 204호(비산동, 꿈에그린아파트)
전　화 (031)452-4992
E-mail poetpak@naver.com
등록번호 제2007-000005호(2007년 2월 13일)

ISBN 978-89-94833-71-2(03810)

정 가 12,000원